JULIAN PRESS
FINDE DEN TÄTER

Spuk in der Fledermausgrotte

JULIAN PRESS
FINDE DEN TÄTER

Spuk in der Fledermausgrotte

cbj

Penguin Random House Verlagsgruppe FSC® N001967

Für alle kleinen und auch großen Detektive,
die sich ein kindliches Gemüt bewahrt haben.

5. Auflage
© 2019 cbj Kinder- und Jugendbuchverlag
in der Penguin Random House Verlagsgruppe GmbH,
Neumarkter Straße 28, 81673 München
produktsicherheit@penguinrandomhouse.de
(Vorstehende Angaben sind zugleich
Pflichtinformationen nach GPSR.)

Alle Rechte vorbehalten
Umschlagabbildungen und Innenillustration: Julian Press
Umschlaggestaltung: basic-book-design, Karl Müller-Bussdorf
MK · Herstellung: UK
Satz: Uhl + Massopust, Aalen
Druck: Alföldi Druckerei AG
ISBN 978-3-570-17639-9
Printed in Hungary

www.cbj-verlag.de

Wie immer machten Philipp, Flo und Carolin auf dem Weg zur Schule einen Abstecher zum Süßwarengeschäft in der Taubengasse Nr. 23, um bei Leo ihre Leckereien für die Schulpausen zu kaufen. Auch Kriminalkommissar Lars teilte die Leidenschaft für die Lakritzstangen. Außerdem hatten sie alle eine Vorliebe für ungelöste Detektivfälle. Das Taubenatelier, im ersten Stock über Leos Lakritzladen direkt unter dem ausgebauten Dach gelegen, war Treffpunkt der Lakritzbande.

Als Ladeninhaber und Detektiv ist Leo auch Kopf der Bande.

Carolin, kurz Caro, ist sportlich ein Ass und sie kombiniert blitzschnell.

Kriminalkommissar Lars tüftelt gern am Computer.

Florentin ist der Kleinste von allen. Deshalb wird er Flo genannt.

Philipp beherrscht die Vogellaute. Sein treuester Begleiter ist Coco, der Kakadu.

Die geheimnisvolle Wendeltreppe

1. Das alte Gemäuer

Jetzt ist es also raus! Das schon seit Jahren abgesperrte Gelände um das alte Gemäuer an der Fasanenallee steht zum Verkauf!«, teilte Flo seinen Freunden im Taubenatelier mit, während er den Zeitungsartikel aus dem Abendkurier studierte.

»Das Haus kriegst du sicher für 'nen Appel und 'n Ei! Möchte aber nicht wissen, was es kostet, diesen Schuppen wieder auf Vordermann zu bringen!«, warf Caro ein.

»Stimmt, immerhin stand der Kasten jahrelang leer!«, ergänzte Philipp, reichte seinem treuen Freund Coco erneut eine Erdnuss und fügte hinzu: »Die Renovierung ist garantiert ein Fass ohne Boden. Ich jedenfalls würde für diese Ruine keinen Pfifferling ausgeben!«

»Anschauen würde ich es mir trotzdem einmal!«, entgegnete Carolin.

»So einfach kommst du da nicht hinein. Das Gemäuer ist durch einen Bauzaun abgesichert!«, antwortete Philipp.

»Aber eine unbefugte Person scheint dennoch Gefallen an dem Haus zu finden!«, ereiferte sich Flo plötzlich.

»Vielleicht sind die Drähte des Bauzauns im Laufe der Zeit einfach nur verrostet und angebrochen!«, warf Philipp ein.

»Nein, da hat jemand ganz klar nachgeholfen. Das ist nicht zu übersehen!«, entgegnete Flo.

 **Weshalb war Flo davon überzeugt?**

passiert mit der Villa an der Fasanenallee?

on seit Jahren wurde die unter Denkmal-
utz stehende alte Villa in der Fasanenallee
cht mehr bewohnt und droht jetzt zu verfal-
en. Die letzte Besitzerin hatte das Haus bisher
icht veräußern können. Hohe Investitionen

schreckten die Käufer ab. Bisher konnte kein
Investor gefunden werden, der sich dieser He-
rausforderung annehmen würde. Es bleibt
wohl nur abzuwarten, wie es für das alte Gemäuer weitergeht…

im Jahre 1871 erbaute Anwesen hat eine
chiselvolle Geschichte hinter sich. Das herr-
chaftliche Anwesen wurde von einer Kauf-
mannsfamilie aus Backsteinresten der ehemaligen Turmruine errichtet, bis es in Zeiten
des wirtschaftlichen Niedergangs in die Hän-
des dubiosen Abenteurers geriet, dessen
iel Wirbel sorgte. Schnell ver-
ht, dass das alte Ge-
ch bis heute

Beamte seinerzeit im Dunkeln tappen. Heut-
zutage ist davon auszugehen, dass das Gered
von einst keinerlei Bestand hat. Die letz
noch lebende Besitzerin hüllt sich in Schw
gen. Sie hat ihre Villa bereits vor Jahren v
lassen. Seitdem ist das alte Haus unbewo
Ein Bauzaun hindert Unbefugte daran das
lände zu betreten. Umfangreiche Sanier
arbeiten wären nötig, um dieses alte Ge
wieder instand zu setzen. Sollte es wo
doch irgendwo einen Käufer geben,
breiz dieser alten Villa verfällt u
ut das Anwesen endlich
len zu lassen?

2. Besuch im Damenstift

Potzblitz! Der Bolzenschneider ist verschwunden!«, rief Flo überrascht, als er mit seinen Freunden am folgenden Tag am Fuße des kahlen Baums unweit des beschädigten Bauzauns vergeblich nach dem Werkzeug suchte.

»Stimmt, ich bin Flore Hasselbach!«, bestätigte die alte Dame mehrmals, nachdem die Lakritzbande die ehemalige Besitzerin der alten Villa am Nachmittag in einem Damenstift ausfindig gemacht hatte.

»Was wollt ihr denn hier?«, platzte eine Frau vom Pflegepersonal plötzlich ins Zimmer hinein.

»Wir besuchen nur unsere Großtante!«, konterte Carolin blitzschnell und zwinkerte dabei Frau Hasselbach verschmitzt zu.

»Ist schon recht«, ergänzte die alte Dame und wartete, bis sich ihre Zimmertür von außen wieder schloss.

»Nun, ihr drei Spürnasen, ich habe schon viel von euch gelesen. Was genau wollt ihr denn über den alten Kasten in der Fasanenallee wissen?«, eröffnete Frau Hasselbach das Gespräch. »Das Haus ist doch seit Jahren leer, es gibt darüber nichts zu berichten. Punkt! Aus!« Ihre Augen glänzten, plötzlich schien sie geistesabwesend und faselte wirres Zeug: »In der Truhe steckt das Geheimnis! Folgt den Spuren von Arthur Specovius. Ihr werdet so viel Blut geleckt haben und erst Ruhe geben, bis ihr des Rätsels Lösung gefunden habt!«

»Was meint ihr, ob sie geflunkert hat?«, fragte Philipp seine Freunde, nachdem die drei das Damenstift verlassen hatten.

»Ihren Namen kennt sie zumindest noch!«, entgegnete Caro.

  **Weshalb war sich Caro so sicher?**

3. Kein Sprung in der Schüssel!

Genau, Caro, die Initialen ›F.H.‹ auf ihrem Spitzentaschentuch haben uns den Beweis geliefert!«, pflichtete Philipp ihr bei.

»Trotz allem, mit ihrer Geschichte will uns Frau Hasselbach bestimmt einen Bären aufbinden«, war sich Flo sicher.

»Ich hab's! Arthur Specovius, ein zwielichtiger Abenteurer und Tausendsassa!«, warf Philipp ein, nachdem er einen ersten Hinweis im Internet gefunden hatte.

Kurz darauf fanden sich Philipp, Flo und Carolin im Stadtarchiv ein, um mehr über diese dubiose Gestalt zu erfahren.

»Der berüchtigte Abenteurer ist in den Fokus der Öffentlichkeit geraten, als er in stürmischen Herbsttagen des Jahres 1956 mit einer barocken Holztruhe auf Teufelswerder gesichtet worden sein soll. Die Herkunft der Truhe konnte bis heute nicht enträtselt werden und von Arthur Specovius verlor sich jede Spur«, zitierte Flo einen Zeitungsartikel vom vierten März 1957.

»Noch Zweifel? Flore Hasselbach hat somit keinen Sprung in der Schüssel!«, versicherte Caro ihren Freunden.

»Es gibt darüber sogar eine Kriminalakte!«, triumphierte Lars freudestrahlend, als er überraschend ins Taubenatelier stieß, wo die Lakritzbande bereits intensiv über dem Fall grübelte.

»Auf geht's nach Teufelswerder!«, schlug Caro vor.

»Nicht so hastig!«, mischte sich Leo ein. »Die Truhe steht seit Jahren im städtischen Museumskeller! In der Akte ist übrigens auch vermerkt, dass das Schloss der Truhe die Verzierung eines Seepferdchens aufweist.«

Vor Ort hielt die Lakritzbande Ausschau nach dem Möbel.

»Da entlang!«, jauchzte Philipp, »dort steht das gute Stück!«

  **Wo hatte Philipp das Möbel entdeckt?**

4. Eine rätselhafte Mitteilung

Der Schlüssel steckte nicht, aber die Truhe, die unter der Kellertreppe im Dunkeln stand, ließ sich ohne Weiteres öffnen.

»Komplett leer!«, rief Caro enttäuscht und klopfte das Holz ab. »Der Boden darunter scheint jedoch hohl zu sein«, stellte sie überrascht fest. »Hoppla, was ist denn das?«, rief Caro, nachdem sie eine Holzleiste problemlos hatte herausnehmen können. Darunter kam ein vergilbtes Papier zum Vorschein.

Carolin zog es aus dem Hohlraum hervor und faltete es auseinander.

»Donnerwetter! Sicher eine alte Notiz von Arthur Specovius höchstpersönlich!«, entfuhr es Philipp, als sein Blick auf die schnörkeligen Initialen des Absenders fiel. Sogleich versuchte er, mit seinen Freunden diese Nachricht zu entschlüsseln.

»Ich wette, die Kriminalakte wird damit wieder geöffnet werden!«, war Flo sich gewiss, als die Lakritzbande sich anschließend erneut im Taubenatelier eingefunden hatte.

»Sicher nicht, dieser Fall ist bereits verjährt!«, entgegnete Lars und nahm die Notiz zur weiteren Begutachtung an sich.

Im Taubenatelier rauchten die Köpfe.

»Ich hab's! Diese Nachricht hat es in sich. Sie liefert uns zudem einen Hinweis auf ein Rätsel«, rief Leo. Er saß seinen Freunden gegenüber und kam folglich als Erster darauf.

Wie lautete die Nachricht?

Die drei Halunken Zwirbelbart, Nasenbein und Dickelohr hatten sich vor langer Zeit nur an Brot, Sterblut und Branntwein gütlich getan, bis sie lauter Kostbarkeiten vor Ort erbeuteten. Wer diese Nachricht liest, hat das Glück den Silberschatz des Nachts in Teufelswerder zu finden.

A.S.

5. Ein ungebetener Gast

In diesem Buchstabensalat entdeckte Leo, dass die kopfüber stehenden fetten Buchstaben der Reihe nach von unten nach oben gelesen folgende geheime Nachricht des Arthur Specovius offenbarten: »Suche in der Villa Biberpelz!«

»Klarer Fall, das ist die Bauruine in der Fasanenallee!«, klärte Lars seine verblüfften Freunde auf.

Es dämmerte bereits, als die Lakritzbande erneut die Gelegenheit beim Schopfe packte und das Baugrundstück aufsuchte. Dabei wurde sie unmittelbar Zeuge, als eine dunkle Gestalt vom Grundstück kommend sich durch das Loch im Bauzaun zwängte. In Windeseile zerrte sie eine Tasche hervor und entfernte sich eilenden Schrittes.

»Achtung, die Person türmt! Los, hinterher!«, rief Carolin und rannte voraus. »Zu spät!«, keuchte sie, nachdem sie nur das grelle Aufheulen eines Motors vernommen hatte und eine Person auf einem Moped davonrasen sah.

»Hast du dir das Kennzeichen gemerkt?«, fragte Philipp.

Caro schüttelte den Kopf.

»Die Person ist ohne Licht abgedüst!«, wandte Flo ein. »Aber schaut mal hier! Wäre doch gelacht, wenn uns das nicht weiterbringt!«, fügte er hinzu und hielt triumphierend eine angerissene Tragelasche in seiner Hand, welche er am Geflecht des Bauzauns entdeckt hatte.

Tags darauf sollte die Lakritzbande belohnt werden, als sie gerade den Marktplatz überquerte.

»Los, auf geht's, Freunde! Dort ist die Person mit der gesuchten Tasche!«, rief Flo.

  **Wo war sie?**

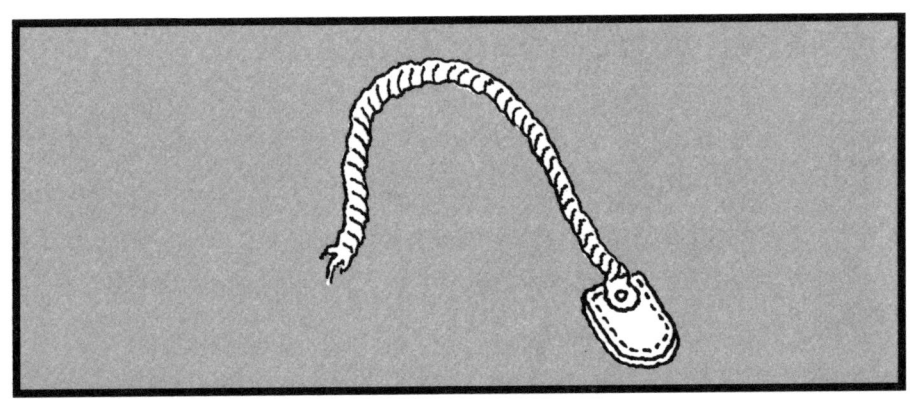

6. Blick durch den Bauzaun

Verflixt! An diesem Tisch hatte eben noch eine Person gesessen, die eine Zeitung las. Und ihre Tasche lag hier auf diesem Stuhl«, rief Flo seinen Freunden zu, als sie alle vor dem Café Goldener Hahn standen.

»Wer immer es auch war, diese Person muss auf einmal Wind bekommen haben und ist getürmt.«

»Sicher ist die Person dort hinaus!«, war Caro überzeugt und zeigte auf eine kleine, noch offen stehende Tür, die zum Hinterhof führte.

»Eines steht jetzt fest! Wir haben garantiert in ein Wespennest gestochen«, meinte Philipp.

»Fragt sich jetzt nur, wer diese Gestalt ist, die so schnell mit der Tasche abgehauen ist!«, überlegte Caro.

Die weitere Suche blieb zunächst ergebnislos.

»Seht ihr was?«, flüsterte Flo seinen Freunden zu, als sie am gleichen Tag noch rechtzeitig vor Einsetzen der Dämmerung am Bauzaun Schmiere standen.

»Nicht die Bohne!«, antwortete Philipp.

Die Lakritzbande suchte auch die Rückseite der Villa Biberpelz auf. Die trügerische Ruhe wurde plötzlich unterbrochen, als sein Freund Coco eine Erdnuss knackte und alle aufhorchen ließ.

»Da steckt doch wieder jemand!«, rief Caro sogleich. »Der entwischt uns dieses Mal nicht!«

Wo hatte Caro die Person entdeckt?

7. Rostlaube im Visier

Die observierte Person kam aus dem Dickicht rechts neben dem Ziehbrunnen hervor und näherte sich zielstrebig den Detektiven.

»Was wird das?«, fragte Flo seine Freunde.

»Donnerwetter, ihr kommt wie gerufen!«, nahm der Mann den drei Detektiven den Wind aus den Segeln. »Das war schon eine Meisterleistung, wie ›Der Fluch des schwarzen Schützen‹ von euch entzaubert wurde«, fuhr der Mann freudestrahlend fort.

»Springstein, Claus. Mit C wie Chilipfeffer!«, gab der Mann kurz und bündig Auskunft: »Ich bin der neue Besitzer dieser Bauruine!«

»Am besten kommt ihr morgen gleich vorbei und stellt den Schrotthaufen auf den Kopf. Dann hat der Spuk ein Ende. Irgendwas muss es hier ja geben, dass ständig Heinzelmännchen ein und aus gehen! Und keinerlei Einbruchspuren im Haus. Bin gespannt, was es hier zu suchen gibt!«, fuhr Claus Springstein schmunzelnd fort und verschwand im Haus.

Tags darauf durchquerte die Lakritzbande das Stadtzentrum, um erneut die Villa Biberpelz aufzusuchen.

»Bin schon gespannt wie ein Flitzebogen, was wir dort entdecken werden«, grinste Flo seinen Freunden zu.

»Gleich erfahren wir's! Nur immer schnurstracks geradeaus«, ergänzte Carolin.

»Nicht so hastig, Freunde!«, unterbrach Philipp plötzlich. »Zuallererst schauen wir uns die alte Rostlaube an, die da hinten ohne Nummernschild steht!«

Wo stand das gesuchte Auto?

8. Entdeckung unter der Tapete

Wow, schaut mal durch die Heckscheibe«, flüsterte Philipp seinen Freunden zu, nachdem er im Eiltempo den Wagen aufgesucht hatte, der im Hinterhof von Otto Roll stand.

»Schaut mal! Dort auf der Rückbank liegt tatsächlich die gesuchte Tasche mit der angerissenen Tragelasche«, rief Caro, »und direkt daneben sind ein Paar Damenschuhe.«

»Vielleicht haben wir es mit einem Gaunerpärchen zu tun!«, schlussfolgerte Philipp. »Habe Lars schon informiert, damit die Rostbeule so schnell wie möglich abtransportiert wird.«

Plötzlich waren Schritte zu vernehmen. Die Lakritzbande versteckte sich gegenüber auf der anderen Straßenseite.

»Psst, da drüben sind zwei Gestalten!«, flüsterte Flo.

»Verflixt und zugenäht!«, meinte Caro, als plötzlich der Wagen vor ihren Augen davonbrauste und ein verschlossenes Holztor durchbrach. »Eins zu null für das Gaunerpärchen!«

Um vierzehn Uhr fand sich die Lakritzbande vor der Villa Biberpelz ein. Claus Springstein kam den Detektiven schon mit dem Schlüsselbund klappernd entgegen, um das verschlossene Gatter aufzuschließen. Gemeinsam besichtigten sie das Haus. Das Inventar war schon vor Jahren herausgeholt worden. Nur die Schattenkonturen ließen noch schemenhaft erahnen, was sich einmal im Haus befunden hatte. Ausgerechnet auf dem Dachboden wurde die Lakritzbande fündig. Unter einer angerissenen Tapete entdeckte Carolin auf dem Mauerwerk ein Rätsel.

»Eine Geheimschrift von Arthur Specovius!«, raunte sie. »Und der Hinweis hat es in sich!«

  **Welcher Hinweis verbarg sich im Rätsel?**

ALLER GUTEN DINGE SIND DREI:

DXSHRUTBCNTHNTE MRUTXNSUTXIEZTR
PTDXNENOR DXSNTIMDERXBNITNZEXIN
DOTNZRBZETNPZAPIXEMINTCSNITNRUZTFNXE.

Arthur Specovius

9. Überraschender Besuch

Suche unter der siebten Treppenstufe, nachdem Carolin gedanklich jeden dritten Buchstaben aneinandergereiht hatte.

Sofort strömte die Lakritzbande aus, doch es gab zu viele Treppen, um auf Anhieb fündig zu werden. Claus Springstein blieb verblüfft zurück.

»Halt, kommt einmal her!«, pfiff er die Detektive zurück. »Mir ist aufgefallen, dass die siebte Stufe der Wendeltreppe zum kleinen Türmchen defekt ist.«

»Hier wurde gebastelt!«, meinte Philipp, als er die Treppenstufe näher untersuchte. Er entdeckte blanke, neuwertige Nägel, die vor noch nicht allzu langer Zeit auf die Trittfläche gehämmert worden sein mussten.

Claus Springstein eilte schon mit einer Kneifzange herbei. Mit vereinten Kräften lösten sie das Holzbrett heraus.

»Verflixt, alles leer!«, rief Philipp enttäuscht, als er in die hohle Treppenstufe blickte.

»Fast, bis auf die kleine Rose dort!«, unterbrach Flo.

»Genau solch eine Stoffblume lag auf einem der beiden Damenschuhe im rostigen Auto«, fuhr Carolin fort.

»Aber was haben die Halunken bloß gesucht?«, fragte sich Flo.

»Jemand scheint uns um eine Nasenlänge voraus zu sein!«, stellte Claus Springstein ernüchtert fest, als es plötzlich an der Tür schellte. Er öffnete. Die Immobilienmaklerin Frau Sandberg betrat mit ihrem Vierbeiner Nestor das Haus.

»Ich bringe Ihnen noch die restlichen zwei Schlüssel!«, sagte sie, verabschiedete sich und ließ die Tür hinter sich zuschnappen, während Flo verdutzt zurückblieb.

  **Wo war Nestor?**

10. Ertappt

Kaum zu glauben. Ihr war gar nicht aufgefallen, dass sich der Hund hinter dem Gerüst versteckt hatte«, prustete Flo los, als plötzlich jemand von außen am Türschloss hantierte.

»Nanu, Frau Sandberg! Ich glaube, Sie sind uns jetzt eine Erklärung schuldig!«, rief Claus Springstein, als sich die Tür öffnete.

»Habe nur meinen Nestor vergessen!«, antwortete Brunhild Sandberg kleinlaut.

»Das haben wir schon bemerkt! Vielmehr interessiert uns, weshalb Sie noch einen weiteren Hausschlüssel besitzen«, fauchte Springstein zurück, während Frau Sandberg bereits zwischen Tür und Angel verschwand.

»Die knöpfen wir uns vor!«, meinte Springstein gereizt.

Mit einem Durchsuchungsbefehl in der Hand stießen Lars und Leo hinzu, als das Haus der Frau Sandberg etwa eine Stunde später aufgesucht wurde. Beim Betreten des Grundstücks beobachtete Carolin gerade noch, wie das Tor der Garage von innen verschlossen wurde. Während Lars an der Haustür klingelte, bewachten die übrigen Detektive das Gartengelände. Frau Sandberg öffnete, hatte jedoch keine Gelegenheit, sich aus der misslichen Situation herauszumanövrieren. Lars zückte seinen Dienstausweis, trat ein und öffnete kurz darauf von innen die Garagentür. Die Lakritzbande staunte nicht schlecht, als sie in dem Durcheinander ausgerechnet hier den rostigen Wagen ohne Nummernschild sah.

»Scheint aber sonst weiter keiner hier zu sein!«, meinte Lars.

»Du irrst«, meinte Philipp.

? **Wo hielt sich jemand versteckt?**

II. Frisch gemauert

Kommen Sie heraus, das Spiel ist aus!«, rief Lars der Person zu, die sich in einer offen stehenden Holzkiste verschanzt hatte.

»Das wird ja immer besser!«, rief Springstein dazwischen, als er erkannte, dass es sich dabei um den Maurer Bickstein handelte, der mit der Renovierung der Villa Biberpelz beauftragt war.

»Wir werden Ihnen gleich auf die Schliche kommen, was für krumme Geschäfte Sie zusammengeführt haben!«, meinte Lars.

»Keine Ahnung, wovon Sie reden!«, entgegnete Frau Sandberg.

»Geben Sie es auf! Sie haben es faustdick hinter den Ohren. Das Rätsel unter der vergilbten Tapete hatten Sie bereits vor uns entdeckt. Und die Lösung brachte Sie darauf, die siebte Stufe der Wendeltreppe zu öffnen.«

»Pure Verleumdung!«, rief Frau Sandberg erbost.

»Kein Sorge. Den Schatz finden wir noch!«, entgegnete Lars. Gemeinsam stellten sie das Haus von Frau Sandberg auf den Kopf. Ergebnislos, bis die Detektive einen großen Raum im ersten Stockwerk des Hauses erreichten.

»Das ist nur vergeudete Zeit! Hier finden Sie nichts! Ich weiß ja nicht einmal, wonach Sie suchen!«, erboste sich Brunhild Sandberg.

»Sie sind gerissener, als ich dachte«, versuchte Lars sie in die Enge zu treiben.

»Ach, sicher lassen Sie gerade kleine Handwerksarbeiten von Herrn Bickstein ausführen, nicht wahr?«, warf Leo ein.

»Und das, obwohl Herr Bickstein eigentlich zu dieser Zeit hätte bei mir arbeiten sollen«, fügte Claus Springstein hinzu.

  **Woran hatte Leo das erkannt?**

Spuk in der Fledermausgrotte
1. Der große Unbekannte

Leo war nicht entgangen, dass hinter dem Kaminholz versteckt ein Eimer mit Mörtel und einer Maurerkelle stand. Sogleich schaute er in den Kaminschacht hinein. Volltreffer! Schon nach zwanzig Minuten war das frische Zementbett eingerissen.

»Sind Sie auch so neugierig wie ich? Wollen wir wetten, was zum Vorschein kommt?«, wandte sich Lars an Frau Sandberg und zwinkerte dabei verschmitzt seinen Freunden zu. »Der gesuchte Fund aus der Treppenstufe! Von diesem Silberschatz hatte uns heute bereits das Kriminalarchiv unterrichtet! Bin gespannt wie ein Flitzebogen, was Sie uns zu erzählen haben …!«

Wie jedoch der Schatz von der Insel Teufelswerder einst in die Villa Biberpelz gekommen war, war reine Spekulation. Die Vermutung lag nahe, dass Arthur Specovius selbst ihn seinerzeit gestohlen und anschließend in der Villa versteckt hatte.

»Plötzlich stand so ein schwarzes Ungetüm vor mir!«, schluchzte Martha Struckheim aufgelöst, als sie im Polizeirevier erschien. »Es riss mir meine Tasche aus der Hand und stahl mir auch meine goldene Hutnadel!«

»Könnte es sich um diese Handtasche handeln? Sie wurde heute Nachmittag gefunden. Von der Hutnadel gibt es allerdings keinen Anhaltspunkt. Auch Bargeld scheint zu fehlen! Aber der restliche Inhalt liegt sicher hier auf dem Tisch!«, teilte Kriminalkommissar Lars mit.

»Ganz klar, das ist ihre Tasche!«, flüsterte Carolin Lars zu.

  **Woran hatte Carolin das erkannt?**

2. Einbruch bei Therese Löwenzahn

Carolin verwies auf die Handschuhe, einen trug Martha Struckheim bei sich, das Pendant gehörte zu den Utensilien, die sich in der Handtasche befunden hatten.

Schon am folgenden Tag kündigte sich ein weiterer mysteriöser Vorfall an. Unmittelbar nachdem im Kuckucksweg ein Einbruch gemeldet worden war, traf die Lakritzbande vor Ort ein. Und wieder war es angeblich ein nicht zu beschreibendes Ungetüm, das seine Hände im Spiel gehabt hatte.

»Alles in Unordnung!«, seufzte Therese Löwenzahn verzweifelt. »Als ich vom Einkaufen kam, sah ich eine Gestalt mit aufgeplusterten schwarzen Flügeln wegrennen! Zum Schaudern! Vermutlich hatte ich sie überrascht!«, ergänzte sie. Dabei hatte sie auch einzelne Wortfetzen einer Vergeltung aufgeschnappt.

»Können Sie uns denn mitteilen, ob etwas gestohlen worden ist?«, fügte Leo ein.

»Wie soll ich in dieser Unordnung erkennen, ob etwas entwendet wurde. Meine wertvolle Violine scheint auf jeden Fall gestohlen worden zu sein!«, antwortete Therese Löwenzahn unter Tränen.

»Klarer Fall von Halluzinationen, das gute Stück ist doch da!«, flüsterte Philipp, der sich keinen Reim drauf machen konnte.

  **Wo entdeckte Philipp sie?**

3. Vorfall Nummer drei

Es bleibt ein Rätsel! Es wurde nichts gestohlen. Die Violine lag unter der umgestürzten Stehlampe. Was hat es mit dieser mysteriösen Gestalt nur auf sich?«, knobelte Philipp.

Der Spuk nahm kein Ende. Das plötzliche Klirren und Zerbersten der Fensterscheibe eines nahe gelegenen kleinen Gartenhauses ließ die Nachbarschaft aufhorchen. Wieder war angeblich ein schwarzes Ungetüm beobachtet worden, welches eine alleinstehende Frau in Angst und Schrecken versetzte.

 Als die Lakritzbande eintraf, fand sie Miranda Reventlow, die Bewohnerin des Hauses, verwirrt vor.

»Stellen Sie sich vor, ich habe noch versucht die Kreatur zu fassen zu kriegen!«, erzählte sie. »Ich packte die Gestalt hinten am Schopf und klammerte mich fest!«

»Haben Sie die Person erkennen können?«, unterbrach Kriminalkommissar Lars.

»Nicht die Bohne!«, antwortete Miranda Reventlow.

»Leidet vielleicht auch sie unter Halluzinationen?«, gab Flo leise zu bedenken.

»Du Naseweis! Ich habe das Ungetüm beim Schopfe gepackt und ihm eine Maske entreißen können«, fauchte Frau Reventlow den kleinen Detektiv an.

»Alle Achtung!«, bemerkte Lars, der sich ein Grinsen nicht verkneifen konnte.

»Frau Reventlow hat die Wahrheit gesagt!«, meinte Philipp. Ihm schien die Geschichte glaubhaft und er wies Lars auf das gesuchte Indiz hin.

  **Wo hatte Philipp den Hinweis entdeckt?**

4. Ein Hinweis aus Mühlental

Die nehmen wir mit auf das Revier«, sagte Lars und tütete die Maske ein, die Flo vor dem aufgeklappten Schrank am Ende des Raumes entdeckt hatte.

Die Presse bekam Wind von der Angelegenheit und ein anonymer Zeuge meldete sich auf dem Polizeirevier.

»Das wird Ihnen vielleicht weiterhelfen«, ertönte die Stimme am anderen Ende des Telefons.

Kriminalkommissar Lars hörte aufmerksam zu. Die unbekannte Person berichtete von einem blinden Mann, dem sie drei Tage zuvor in Mühlental begegnet sei. Er schien sehr redselig und gab vor, zufällig jemandem begegnet zu sein, dessen große flatterhafte Hemdsärmel er im Vorbeigehen gespürt zu haben glaubte.

Schon am nächsten Morgen besuchte die Lakritzbande Mühlental, um den blinden Mann ausfindig zu machen.

»Der scheint heute Besseres vorzuhaben. Er ist nicht hier!«, meinte Philipp enttäuscht.

»Pustekuchen, da steckt er doch. Nichts wie hin!«, rief Carolin.

? **Wo war der Zeuge?**

5. Ab zum Tatort

Das muss der blinde Mann sein!«, war Carolin überzeugt und wies auf einen Mann, der an seinem Oberarm eine gepunktete Armbinde trug. Er saß neben der alten Wassermühle und spielte Ziehharmonika.

»Natürlich war mir nicht entgangen, dass er unter seiner Kleidung eine Gans bei sich trug!«, offenbarte der blinde Mann der Lakritzbande.

»Aber woher wissen Sie das so genau?«, unterbrach Flo.

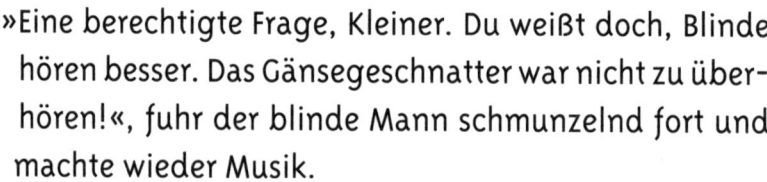

»Eine berechtigte Frage, Kleiner. Du weißt doch, Blinde hören besser. Das Gänsegeschnatter war nicht zu überhören!«, fuhr der blinde Mann schmunzelnd fort und machte wieder Musik.

»Das ist weit und breit der einzige Geflügelhof hier in der Nähe«, teilte Lars seinen Freunden mit, als die Lakritzbande auf einen abseits gelegenen Bauernhof zusteuerte.

»Kein Mensch zu sehen. Und Gänse scheint es hier auch nicht zu geben, sonst hätten sie sich längst bemerkbar gemacht. In der Regel hört man sie schon von Weitem schnattern«, mutmaßte Philipp.

»Du irrst! Auch wenn sie momentan vielleicht auf der Weide sein mögen, so sind wir hier dennoch an der richtigen Adresse«, widersprach Flo.

  **Weshalb war sich Flo so sicher?**

6. Dem Phantom auf der Spur

Finger weg!«, fauchte eine weibliche Stimme von drinnen, als Flo eines der Gänseeier in seiner Hand begutachtete, die hinter dem Verkaufsschild am Eingang der Scheune zu erwerben waren.

»Macht, das ihr wegkommt. Ich habe schon genug Scherereien«, fuhr die Frau aufbrausend fort.

Erst als Lars ihr seinen Dienstausweis zeigte, schien sie sich zu beruhigen.

»Mir ist ganz wirr im Kopf«, fuhr die Bäuerin fort, die sich als Bertha Buttwill ausgab. »Zurzeit ist hier die Hölle los«, fuhr sie fort.

»Das müssen Sie uns erklären«, ermutigte sie Lars.

»Immer wieder die gleiche Geschichte!«, gab Leo von sich, als die Lakritzbande wenig später den Hof verließ. »Wieder soll es ein schwarzes Ungetüm gewesen sein.«

»Nur dieses Mal soll der Himmel schwarz von irgendwelchen Viechern gewesen sein«, ergänzte Carolin.

»Sicher ein Schwarm Rabenvögel. Das Phänomen ist nicht ungewöhnlich für diese Gegend«, bemerkte Leo.

»Die Frau ist noch völlig aus dem Häuschen«, unterbrach Lars, »ich lasse sie zur weiteren Vernehmung aufs Revier bringen.«

Doch noch im Laufe dieses Tages sollte die Lakritzbande eines Besseren belehrt werden. Philipp entdeckte von Weitem ein schwarzes Phantom, das im Trubel der Menschenmenge verschwand.

»Da hinten läuft es!«, rief Philipp.

Wo hatte Philipp es entdeckt?

7. Mitten in der Nacht

Klar, das Phantom ist auf und davon!«, bemerkte Philipp, als die Lakritzbande oben an der Treppe den Eingang zur Felsenhöhle erreicht hatte.

Die Lakritzbande lief den Tunnel entlang, bis sie die Unterstadt erreicht hatte. Von dem Phantom fehlte jedoch jede Spur. Zwei Tage später schlug das Phantom erneut zu. Dieses Mal war das Opfer Frieda Stründsund. Auch sie berichtete, im Halbschlaf von einem schwarzen Ungetüm überrascht worden zu sein.

»Und überall diese fliegenden schwarzen Viecher. Ich werde noch wahnsinnig!«, schluchzte Frieda Stründsund.

»Wohin du auch gehst, ich folge dir stets bis zum jüngsten Tag der Vergeltung! Genau das waren seine Worte!«, zitierte Frau Stründsund das schwarze Ungetüm.

»Das Phantom und seine merkwürdigen fliegenden Helfershelfer sind natürlich wieder über alle Berge!«, war Lars überzeugt.

»Der Fall wird immer undurchsichtiger. Was steckt nur hinter all den rätselhaften Vorfällen! Was will diese Kreatur damit bezwecken, fremde Menschen in den Wahnsinn zu treiben?«, fragte Leo, dem nicht entging, dass Frieda Stründsund immer wundersamer wurde.

»Donnerwetter, ich hab's!«, stieß Carolin plötzlich aus.

»Was hast du?«, entgegnete Flo.

»Ich verrate euch, um was für fliegende Kreaturen es sich handelt. Zumindest ein Exemplar hat sich hier versteckt!«

? Worauf hatte Carolin angespielt?

8. An einem nebligen Nachmittag

Carolin hatte eine Fledermaus entdeckt, die sich hinter dem Kleiderschrank nahe des Vogelkäfigs versteckte.

Der Spuk hielt an. Kurz darauf ereignete sich an einem nebligen Vorabend ein weiterer Vorfall, der die Lakritzbande erneut grübeln ließ. Schäfer Fred Hollerstedt trieb gerade seine Tiere vom Feld zurück in die Scheune, als auch ihm plötzlich eine schwarze Gestalt erschien. Nur dieses Mal kam sie ihm auf einem Fahrrad entgegen und stieß dabei merkwürdige heulende Rufe aus.

»Dabei schlug die Gestalt bedrohlich ihre Arme auseinander und schrie nach Vergeltung«, sprach Hollerstedt mit schwacher Stimme und starrte ins Leere.

»Und dann waren da noch die vielen Fledermäuse!«, ergänzte er. »Es waren so viele. Ich fuchtelte mit meinen Händen, um sie zu verscheuchen.«

»Jetzt haben wir es schwarz auf weiß! Das Phantom wird stets von einem Schwarm Fledermäuse begleitet«, konstatierte Leo. Doch auch er konnte sich keinen Reim darauf machen.

»Eine Gestalt auf einem Fahrrad mitten auf diesem Trampelpfad?«, flüsterte Philipp misstrauisch seinen Freunden zu.

»Aber ja, Hollerstedt hat die Wahrheit erzählt. Dort liegt noch der Beweis«, entgegnete Leo.

 **Was hatte Leo entdeckt?**

9. Fund in der Fledermaushöhle

Die Luftpumpe lag einen Steinwurf entfernt unter Gräsern am Wegesrand. Vergebens suchte die Lakritzbande das Gelände weiträumig nach weiteren Spuren ab. Der Hinweis auf die umherschwirrenden Fledermäuse ließ der Lakritzbande keine Ruhe.

»Darauf gibt es nur eine Antwort. Die alte Grotte im Mühlental. Ein Wink vom Oberförster höchstpersönlich!«, eröffnete Lars seinen Freunden am nächsten Tag.

»Nun, worauf warten wir noch. Auf geht's!«, sagte Leo. »Hier soll es viele Wimperfledermäuse geben«, fuhr Lars fort, als er dem steinigen Weg bis zum Höhleneingang folgte. Er leuchtete mit seiner Taschenlampe den Weg in die dunkle Grotte hinein.

Die Lakritzbande schaute gebannt an die Decke der Gesteinshöhle und bemerkte unzählige der Furcht einflößenden dunklen Fledertiere, die noch aufgescheucht durch das grelle Licht der Taschenlampe unruhig umherschwirrten.

»Sonst ist weit und breit nichts Auffälliges zu sehen«, bemerkte Lars, bis auf einmal schrille Töne in der Höhle verhallten.

»Woher kommen die?«, überlegte Philipp.

»Es spukt! Keine Spur von dem Phantom«, war Carolin überzeugt.

Plötzlich war es stockdunkel. Die Taschenlampe war leer. Doch Flo hatte dennoch den Beweis gefunden, woher das merkwürdige Geräusch kam.

  **Woher kam es?**

10. Die siebte Adresse

Flo hatte sich nicht getäuscht. Hinter einem der Stalaktiten hatte er einen Lautsprecher entdeckt. Flo folgte dem Kabel bis zu einem Tonband, das zwischen Steinen versteckt die Töne abspulte.

»Ich bin überzeugt, dass das Gerät über eine Lichtschranke ausgelöst wurde!«, war Philipp sicher.

»Damit haben wir den Beweis, dass jemand hier sein Unwesen treibt,« ergänzte Carolin.

Noch ehe die Lakritzbande sich einen Reim darauf machen konnte, wurde sie erneut von einem Vorfall unterrichtet. Eine Frau hatte das Polizeirevier informiert, von merkwürdigen Geräuschen berichtet und davon, von einem schwarz gekleideten Ungetüm auf ihrem Anwesen heimgesucht worden zu sein.

»Wir haben keine Zeit mehr zu verlieren. Dieses Mal müssen wir das Phantom zu fassen kriegen. Auf in den Hopfenweg!«, eröffnete Lars seinen Freunden.

Kurz darauf erreichte die Lakritzbande das Grundstück von Kitty Sinsheim, als ein Schrei ertönte. Vom Ungetüm fehlte jede Spur.

»Das Phantom hat wohl geahnt, dass wir ihm auf den Fersen sind, und hat bereits das Weite gesucht!«, war Leo überzeugt, als es plötzlich schepperte.

»Was war das?«, rief Carolin.

»Das kann ich euch verraten. Los hinterher!«, entgegnete Lars.

 **Was hatte Lars entdeckt?**

11. Eine rätselhafte Nachricht

Lauter Scherben!«, bemerkte Lars, als die Lakritzbande die beschädigte Gartenlaterne begutachtete.

»Ist der Spuk noch nicht zu Ende?«, rief Kitty Sinsheim, die nun völlig aufgebracht aus ihrem Haus gerannt kam. »Zuerst diese große schwarze Gestalt und jetzt Sie! Das ist doch hier kein Taubenschlag!«

»Aber Sie selbst haben doch die Polizei gerufen!«, entgegnete Lars und stellte sich der irritierten Frau vor.

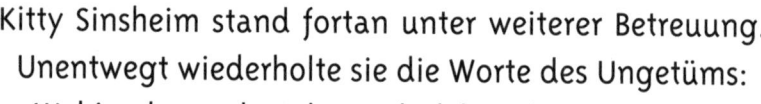

Kitty Sinsheim stand fortan unter weiterer Betreuung. Unentwegt wiederholte sie die Worte des Ungetüms: »Wohin du auch gehst, ich folge dir stets bis zum jüngsten Tag der Vergeltung!«

Die Lakritzbande versuchte hingegen fieberhaft diesen mysteriösen Fall tiefer zu durchleuchten.

»Wer steckt bloß hinter diesem Phantom, und in welchem Zusammenhang stehen all diese Vorfälle?«, fragte sich Lars.

Flo stöberte währenddessen unter der Gartenlaterne nach möglichen Spuren. Mit verschmitzter Miene kehrte er zu seinen Freunden zurück.

»Es gibt Neuigkeiten!«, frohlockte er und breitete sieben Papierschnipsel vor ihren Augen aus.

»Klarer Fall! Die Namen all jener, die bisher vom Phantom in den Wahnsinn getrieben wurden«, stellte Lars sogleich fest.

»Aber mit Sicherheit ist in dieser Notiz eine geheime Botschaft versteckt!«, war sich Philipp sicher.

»Ich kann euch auch sagen, wie sie lautet«, fügte Leo hinzu.

  **Wie lautete die Nachricht?**

MARTHA STR WENTLOW
THERESE LO TWILL
MIRANDA REY UCKHEIM
BERTHA BUT ÖWENZAHN
FRIED SHEIM
A STRÜNSUND
FRED H OLLERSTEDT
KITTY SIN

12. Die achte Person

Die grauen Buchstaben auf den Papierschnipseln ergaben in richtiger Reihenfolge gelesen die Botschaft ›Akte 251‹.

»Volltreffer, Leo! Dabei handelt es sich um die Erbschaftsangelegenheit Gustav Parzanny«, überraschte Lars seine Freunde, die sich im Taubenatelier versammelt hatten.

»Alle Personen, die vom Phantom heimgesucht wurden, waren noch zu Lebzeiten des Erblassers testamentarisch bedacht worden,« ergänzte Lars.

»Es gab also sieben Erben?«, fragte Carolin.

»Falsch! Es gab eine weitere Person, die allerdings aus der Akte gestrichen wurde, da sie bereits zuvor verstorben war. Cassandra Schluchstein war ihr Name,« ergänzte Lars.

»Aber wenn …«, unterbrach Philipp.

»Ganz genau! Daran habe ich auch schon gedacht. Am besten suchen wir zunächst das Grab der Verstorbenen auf«, fügte Lars hinzu.

Bereits zwei Stunden später fand sich die Lakritzbande am Friedhof von Mühlental ein.

»Irgendwo hier muss ihr Grab sein«, war Lars überzeugt.

»Kommt mit, da drüben habe ich es entdeckt«, rief Philipp.

 **Wo lag das Grab?**

13. Der Spuk nimmt kein Ende

Interessant«, bemerkte Philipp, als er vor dem Grabstein stand, der sich unmittelbar hinter dem Kirchenschiff befand.

»Ob sich vielleicht jemand von der Erbengemeinschaft um das Grab kümmert?«, sagte Philipp. Denn ihm war nicht entgangen, dass sich dort in einer Vase frische Blumen befanden.

»Kann schon sein!«, fuhr Lars verschmitzt fort, »aber ich habe bereits Nachforschungen angestellt. Stellt euch vor, Cassandra Schluchstein hatte nur noch einen einzigen Enkelsohn. Er  wurde damals vor zwanzig Jahren von der Erbschaft ausgeschlossen, aus welchen Gründen auch immer.«

»Steckt er wohl hinter dem Phantom?«, fragte Flo überrascht.

»Genau das gilt es jetzt herauszufinden«, schlussfolgerte Lars. »Dieser Enkel scheint jedoch nirgends gemeldet.«

Der Spuk um das Phantom gewann neue Nahrung, als früh am folgenden Morgen eine ältere Frau im Nachthemd wirr durch die Gassen lief und lautstark behauptete, das schwarze Ungetüm leibhaftig gesehen zu haben.

»Wo kann die Frau abgeblieben sein?«, fragte sich Philipp, nachdem er sich mit Flo und Carolin vor Ort eingefunden hatte und auf der Lauer lag.

»Vom Phantom ist weit und breit nichts zu sehen!«, meinte Philipp.

»Aber die wirre Frau im gepunkteten Nachthemd ist hingegen immer noch im Ort unterwegs!«, fügte Carolin hinzu.

Wo hatte Carolin sie gesehen?

14. Wahnvorstellungen?

Am Springbrunnen stieß die Lakritzbande auf die verstörte Frau. Rasch stellte sich heraus, dass sie die frühere Hausdame der verblichenen Cassandra Schluchstein war. Durch einen puren Zufall sei sie nach so langer Zeit dem Enkelsohn der Verstorbenen begegnet und seitdem wurde sie von ihm drangsaliert.

»Das schwarze Ungetüm! Er ist es, Alois Schluchstein, glauben Sie mir! Seine einzigen Freunde sind die Fledermäuse!«, ereiferte sich die Frau von Neuem und schluchzte.

»Sie können ihn nicht verfehlen. Sein Gesicht bleibt wahrhaft in Erinnerung. Alois hat eine große Warze auf der Nase! Aber in seinen Krallen funkelte ein großes Messer«, fuhr sie fort.

Ungläubig schaute Lars seine Freunde an.

»Aber die Frau hat recht«, flüsterte Flo, »dort liegt ja noch die Waffe.«

? **Wo lag sie?**

15. Auf der Suche nach Schluchstein

Auf der anderen Seite des Sandweges lag ein Dolch neben einem Baumstumpf.

»Aber wo kann er jetzt stecken? Seitdem wir die Fledermausgrotte beobachten lassen, hat sich Schluchstein dort nicht mehr blicken lassen«, meinte Lars später.

Das Ungetüm musste so schnell wie möglich gefasst werden. Jene, die dem Phantom begegnet waren, waren bereits alle dem Wahnsinn verfallen.

»Was meint ihr? Ist das vielleicht sein neuer Unterschlupf?«, sprudelte es aus Philipp heraus, als die Lakritzbande an diesem Nachmittag erneut Mühlental aufsuchte.

  **Welchen Unterschlupf meinte Philipp?**

16. Ein finsteres Zimmer

Lars pochte dreimal an die verschlossene Brettertür eines maroden Hauses, an deren Fassade das Abbild einer Fledermaus prangte.

»Scheint tatsächlich keiner da zu sein!«, mutmaßte Leo, als es plötzlich im Haus rumorte.

Die Lakritzbande lugte über den angrenzenden Bretterzaun und sah nur noch die Beinkleider des Ungetüms aus dem Hinterhof des Hauses verschwinden.

»Um Haaresbreite zu spät!«, sagte Lars und kletterte als Erster über den Bretterzaun, um vom Hintereingang in den Wohnschuppen des Phantoms zu gelangen und dieses zu durchstöbern. Der Kakadu Coco flog vorweg, anschließend betrat einer nach dem anderen das gruselige, dunkle Zimmer des Ungetüms.

»Seht, hier liegt noch seine Verkleidung!«, bemerkte Carolin und zeigte auf die schwarze Kleidung.

»Ganz schön verlottert«, konstatierte Leo.

»Ob er hier alleine haust?«, fragte Flo.

»Nee, er scheint einen Kumpel zu haben, der hier bei ihm wohnt«, entgegnete Carolin.

  **Welches Indiz entdeckte Carolin?**

17. Phantom in der Klemme

Der Knochen im Napf war der Beweis, dass Alois Schluchstein sich einen Hund hielt.

»Aber wo steckt denn der Vierbeiner?«, fragte Philipp, als ein winselnder Dackel plötzlich hinter einer Holzkiste erschien.

»Den bringen wir gleich in Sicherheit«, beschloss Lars, als er den Hund nach draußen führte.

»Was ist los?«, rief Carolin, als der Hund plötzlich anfing mit wedelnder Rute eine Spur aufzunehmen.

»Potzblitz, das wäre ein Volltreffer, wenn uns der Dackel höchstpersönlich zu Schluchstein führt!«, rief Flo.

Mucksmäuschenstill folgte die Lakritzbande gebannt der Fährte des Hundes. Die Lakritzbande lief eine Mauer entlang, als der Dackel plötzlich anschlug. Im Schein einer Straßenlaterne konnten die Detektive deutlich den Schatten einer Gestalt beobachten, die hinter einem Häusereck verschwand. Der Hund hechtete hinterher, gefolgt von Lars und seinen Freunden.

»Achtung, hier entlang!«, rief Lars.

»Der Kerl hat sich bereits in Luft aufgelöst«, witzelte Leo, als die Lakritzbande die nächste Straßenecke erreichte.

»Wetten, dass er dort drüben ist?«, rief Philipp und rannte schnurstracks auf die Kneipe ›Schwarze Fledermaus‹ zu.

»Jetzt haben wir ihn! Da sitzt tatsächlich Schluchstein!«, posaunte Flo heraus, als er durch eine Fensterscheibe in die Bar lugte.

  **Wo entdeckte Flo ihn?**

Die Suche nach Ky Oto
I. In Nachbars Garten

Der hat seine Krallen eingefahren«, äußerte Lars, als Schluchstein sich bei einem Glas Whisky hinten links in der Fleder-
mausbar widerstandslos mitnehmen ließ. Selbst dem Wahn verfallen, wollte er all jene um den Verstand bringen, die ihn
damals um seinen Erbanteil gebracht hatten.

»Wenn alle Stricke reißen, sehen sich womöglich alle noch in
der gleichen Psychiatrie wieder«, befürchtete Lars.

Doch die Gedanken verflogen schon einen Augenblick später.
Im Kommissariat klingelte erneut das Telefon. Eine ältere Frau
meldete einen Vorfall der letzten Nacht.

»Es gab merkwürdige Geräusche. Jemand war in Nachbars Garten«, war sich Henriette Haasio sicher, als die Lakritzbande sie
vor Ort befragte.

»Beim besten Willen, aber hier ist nichts zu sehen«, meinte
Lars, als er eine Stunde später vor Ort durch das Fenster hinü-
ber auf das Grundstück des Nachbarn lugte.

»Und wenn doch jemand in der Nacht dort herumgestöbert
hat?«, entgegnete Carolin.

»Was sollte es da schon zu holen geben!«, antwortete Lars.
»Das Grundstück besteht fast nur aus einem riesigen Teich.«

»Vielleicht hatte es ja jemand gerade darauf abgesehen«, blieb
Carolin hartnäckig.

»Caro könnte recht haben. Ein möglicher Beweis dafür ist nicht
zu übersehen«, mischte sich Leo ein.

  **Welchen Beweis hatte Leo entdeckt?**

2. Ein erster Verdacht

Einer nach dem anderen kletterte auf das Nachbargrundstück und steuerte zielsicher auf den zerbrochenen Kescher zu. Er steckte unweit der Gartenlampe im Efeugeflecht, welches das Mauerwerk umrankte.

»Hat jemand noch Zweifel?«, fragte Leo, als er zudem frische Fußspuren am sumpfigen Teich entdeckte.

Noch am gleichen Tag kehrte Nachbar Bollermann aus seinem Urlaub zurück.

»Verflixt, Ky Oto ist weg!«, rief er, nachdem er sich seinen Fischbestand genau angeschaut hatte. »Der wertvollste Koikarpfen aus meiner Zucht!«, fuhr Erwin Bollermann fort. »Er ist fast 600.000 Euro wert!«

»Keine Frage! Der Dieb muss Kenntnis davon gehabt haben. Es sei denn...«, stutzte Flo für einen Moment und fuhr sogleich fort, »...wir folgen einer falschen Fährte!«

»Du sprichst in Rätseln«, bemerkte Carolin.

»Vielleicht hat ja der dort den Koi geklaut. Was meint ihr?«, antwortete Flo verschmitzt.

 **Wen hatte Flo im Visier?**

3. Ein Fisch auf Abwegen

Klarer Fall, der Verdacht fiel auf den Fischreiher, der versteckt aus dem Schilf auf der gegenüberliegenden Seite des Teiches hervorlugte.

»Könnte tatsächlich ein Reiher diesen Fisch herausgeholt haben?«, fragte Philipp.

»Gar nicht abwegig! Das wäre dann ein wirklich teures Frühstück gewesen«, lachte Bollermann. »Es passiert schon mal, dass ein Reiher auf Beutezug herkommt«, fügte Bollermann

hinzu, »aber dieser zerbrochene Kescher zerstreut jeden Zweifel. Dieses Fangnetz gehört mir nicht. Das habe ich noch nie gesehen.«

Unterdessen untersuchte die Lakritzbande auch das angrenzende Gelände. Hinter der Mauer von Bollermanns Garten entdeckte Flo den abgebrochenen Griff des Keschers.

»Was ist das für ein Symbol?«, fragte Leo, als sein Augenmerk auf ein angerissenes Metallemblem fiel, das am Griff montiert war.

Bollermann verschwand im Gartenhaus und kam nach wenigen Minuten mit einem Fachbuch unterm Arm zurück. Gemeinsam stöberten alle in dem Buch, um herauszufinden, was es mit diesem Zeichen auf sich hatte.

»Ich hab's! Eine heiße Spur, auf geht's!«, rief Philipp.

Welchen Hinweis entdeckte Philipp?

4. Am Clubhaus Tannensee

Könnte passen!«, bestätigte Bollermann.

Ogleich das Emblem nicht mehr vollständig zu entziffern war, kam nur ein Hinweis infrage. Und dem ging die Lakritzbande sofort nach. Es war der Angelclub Tannensee, dessen Vereinshaus wenige Kilometer entfernt versteckt in einer Lichtung am Seeufer lag.

»Kein Mensch weit und breit zu sehen. Das Clubhaus scheint wie ausgestorben!«, konstatierte Leo, als er mit seinen

Freunden das Haus am Tannensee aufsuchte.

»Kein Wunder! Es ist bis auf Weiteres geschlossen. Da steht es schwarz auf weiß«, entgegnete Philipp, als er das entsprechende Hinweisschild neben dem Türeingang entdeckte.

»Hier kommen wir nicht weiter«, meinte Lars, »wir werden den Laden dann eben das nächste Mal unter die Lupe nehmen.«

»Was macht der denn da? Ob die Person etwas mit dem Diebstahl zu tun hat?«, unterbrach Carolin.

Flo war sofort klar, auf wen Carolin anspielte.

  **Wo steckte die seltsame Person?**

5. Auf Anglers Spuren

Für einen kurzen Moment war eine Gestalt zu sehen, die sich hinter dem Clubhaus im Gebüsch versteckte und kurz darauf vollends von der Bildfläche verschwand.

»Wo ist sie bloß abgeblieben? Das Gelände ist doch abgesperrt«, grübelte Flo.

»Wir werden die Umgebung im Auge behalten!«, warf Lars ein.

»Der Kerl wird uns noch früh genug ins Netz gehen!«

Am nächsten Tag suchte die Lakritzbande das Ufergelände entlang des Sees ab.

»Und gibt's eine Spur?«, fragte Leo in die Runde.

»Nicht die Bohne!«, entgegnete Lars.

»Hoppla! Vielleicht hilft uns das hier weiter! Hier muss zumindest ein Angler unterwegs gewesen sein«, kombinierte Flo, nachdem er etwas am Wegesrand entdeckt hatte.

  **Was hatte Flo gefunden?**

6. Plötzliches Wiedersehen

Ein Angelhaken mit Schwimmer!«, konstatierte Flo, als er das Utensil am Wegesrand nahe der Trauerweide näher untersuchte.

»Vielleicht hat der es verloren!«, meinte Carolin, als sie kurz darauf am gegenüberliegenden Seeufer einen Angler entdeckte. Die Lakritzbande verschanzte sich im Gebüsch.

»Der hat die Ruhe weg!«, flüsterte Philipp, »bisher hat noch kein Fisch angebissen.«

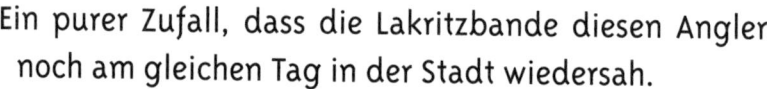

Ein purer Zufall, dass die Lakritzbande diesen Angler noch am gleichen Tag in der Stadt wiedersah.

»Das steckt der Bursche! Er schlendert mit leeren Händen durch die Einkaufsstraße«, meinte Philipp.

»Mal sehen, was er vorhat. Ob er tatsächlich etwas auf dem Kerbholz hat?«, fragte Flo.

»Ihm nach, dann wissen wir Bescheid!«, ergänzte Philipp.

Doch für eine Viertelstunde blieb der Angler plötzlich verschwunden.

»Der Kerl ist uns entwischt«, rief Carolin irritiert.

»Keine Angst. Ich hab ihn wieder im Visier, und ich kann euch auch verraten, was er sich zwischenzeitlich gekauft hat!«, entgegnete Philipp.

  **Was hatte der Angler erworben?**

7. Seltsames Frachtgut

Philipp war nicht entgangen, dass der Angler mit seinem auffällig gepunkteten Hemd in dem nahe gelegenen Spielzeuggeschäft gerade einen Dampfer erstanden hatte und bereits die Stadtmauer hinauflief, wo er im Begriff war, im Trubel der Menschenmenge zu verschwinden. Die Lakritzbande blieb dem Mann weiter auf den Fersen. Tatsächlich schlug der Angler wieder die Richtung zum Tannensee ein. Aus sicherer Entfernung beobachteten die Detektive den Mann, der mitten im Schilf  stand und dort seinen Dampfer zu Wasser ließ. »Ein Schiff mit Fernsteuerung. Der Mann scheint noch ein kindliches Gemüt zu haben«, bemerkte Flo, als er den Angler eine Weile lang mit seinem neuen Spielzeug beobachtete.

»Merkwürdig! Warum nur versteckt er sich dafür im Schilf,« fragte sich Lars.

»Der Kerl hat es faustdick hinter den Ohren,« entgegnete Carolin, »aber der kann uns nicht austricksen! Der Mann hat hinter unserem Rücken tatsächlich etwas ausgeheckt.«

  **Was war Carolin aufgefallen?**

8. Feier am Tannensee

Was steckt bloß im Dampfer!«, fragte sich Carolin, als sie ihren beiden Freunden offenbarte, dass der ferngesteuerte Dampfer auf der Rücktour plötzlich tiefer im Wasser lag.

»Ob das Schiff ein Leck hat?«, grübelte Flo.

»Unwahrscheinlich. Der Dampfer ist doch nagelneu«, entgegnete Philipp. »Ich bin mir vielmehr sicher, dass das Boot zum anderen Seeufer ins Schilf gesteuert und dort beladen wurde!«, fügte Carolin hinzu.

»Klarer Fall! Dann muss es dort einen Komplizen gegeben haben!«, schlussfolgerte Philipp.

»Darum kümmern wir uns später!«, unterbrach Flo, dem nicht entgangen war, dass der Angler seinen Dampfer bereits ans Ufer zurückgesteuert hatte und im Begriff war, mit dem Spielzeug unterm Arm das Weite zu suchen.

Philipp, Flo und Carolin schwangen sich auf ihre Drahtesel, konnten jedoch nur noch die Rücklichter des Fahrzeugs sehen, das auf dem Sandweg eine dichte Staubwolke hinterließ.

»Ob der Angler zurück zum Clubhaus fährt?«, fragte Carolin.

»Vermutlich! Das werden wir gleich rauskriegen! Radeln wir am besten hier entlang«, schlug Philipp vor.

Nach einer halben Stunde erreichten sie das Clubhaus am Tannensee. Es schien wieder geöffnet zu haben, unüberhörbar drang das schallende Gelächter vieler Personen zu ihnen. Die Lakritzbande verschanzte sich.

»Scheint eine Geburtstagsfeier zu sein!«, bemerkte Flo.

»Ja, aber ohne unseren Angler!«, entgegnete Carolin.

»Wer weiß. Ein Gast wird noch erwartet!«, rief Philipp.

  **Weshalb war Philipp davon überzeugt?**

9. Ein Blick in die Fischerhütte

Das kann nicht gut gehen! Zwölf Personen und Gedecke für dreizehn«, verriet Philipp. Genau in diesem Augenblick erschien der letzte Gast auf dem Holzsteg.

»Der Angler!« Carolin verschlug es die Sprache. »Aber ohne seinen Dampfer!«

»Wie auch immer, die Tafelrunde ist nun vollzählig!«, ergänzte Philipp.

Etwa eine Stunde lag die Lakritzbande auf der Lauer, bis der Angler in einem geeigneten Moment die feuchtfröhliche Runde verließ.

»Wo geht der Kerl denn jetzt hin?«, überlegte Flo.

»Los hinterher!«, rief Philipp.

Die Lakritzbande folgte dem Mann unbemerkt, der auf eine alte Fischerhütte zusteuerte.

»Seht ihr ihn noch?«, fragte Philipp, als er mit seinen Freunden am Sprossenfenster stand und in die düstere Stube lugte.

»Er scheint nicht da zu sein«, flüsterte Carolin.

Die Lakritzbande schlich um das Haus herum. Vergebens versuchte sie den Mann in der Umgebung ausfindig zu machen. Eine geschlagene halbe Stunde später standen Philipp, Flo und Carolin erneut vor dem Sprossenfenster.

»Nichts Neues!«, war sich Carolin sicher.

»Du irrst, unser Angler muss zwischenzeitlich wieder hier gewesen sein!«, triumphierte Flo.

 **Woran hatte er das erkannt?**

10. Auf der Biberinsel

Flo hat recht!«, meinte Philipp, als auch er festgestellt hatte, dass die Weinflasche plötzlich verkorkt auf dem Tisch stand.

»Donnerwetter! Seht, da liegt der Dampfer in zwei Teilen!«, bemerkte Flo, als er das Spielzeug unweit des Hauses neben einem Baumstumpf im Gras entdeckte.

»Tatsächlich ein geniales Versteck!«, ergänzte Philipp, als er den geräumigen Schiffsrumpf betrachtete.

»Psst, in Deckung!«, flüsterte Carolin, als sie plötzlich ein Geräusch vernahm.

»Es muss vom Innern der Hütte einen Tunnel zum Seeufer geben!«, fuhr sie fort, als sie den Angler im Schatten der Bäume aus einer Luke an die Erdoberfläche hervorkriechen sah.

Die Lakritzbande beobachtete den Mann, als er mit einem Gepäckstück in ein Boot stieg und auf den See hinausruderte.

»Was auch immer im Dampfer steckte, befindet sich jetzt in diesem Seesack!«, meinte Philipp.

Der Angler steuerte auf die Biberinsel zu. Durch das Fernglas beobachtete Philipp, wie der Angler den Seesack geschultert das Boot verließ. Gemeinsam mit Lars und Leo, die von Philipp informiert worden waren, ruderte die Lakritzbande unbemerkt von der anderen Seeseite auf die Insel zu.

»Halt, Polizei, bleiben Sie stehen!«, rief Lars dem überraschten Angler zu, der plötzlich in großen Schritten in das Gehölz lief.

»Jetzt haben wir es schwarz auf weiß. Der Kerl hat etwas zu verbergen!«, sah sich Philipp bestätigt.

»Wo steckt er denn jetzt?«, fragte Lars irritiert.

»Dort ist er, und sein Seesack liegt ganz in der Nähe!«, rief Leo.

80 |  **Wo war der Angler mit seiner Beute?**

11. Der Unbekannte am Seeufer

Kommen Sie raus!«, rief Lars dem Angler zu, der sich unter Felssteinen nahe dem Bootswrack versteckt hielt.

»Was wollen Sie von mir? Ich habe nichts zu verbergen!«, rief der Angler Lars entgegen.

»Das wird sich gleich herausstellen«, entgegnete Lars und öffnete den Seesack, der versteckt hinter dem flachen Fels lag.

»Ein Batzen Geld! Solch eine Summe trägt man nicht jeden Tag bei sich«, ergänzte Lars, »aber Sie werden uns bestimmt  sagen können, wie Sie zu diesem beträchtlichen Betrag gekommen sind, nicht wahr?«

»Einen Teufel werde ich…!«, konterte der Angler.

Nachdem alle gemeinsam wieder das Festland erreicht hatten, nahmen Lars und Leo mit dem Angler schnurstracks Kurs zum Polizeirevier.

»Es gibt jetzt nur eine Möglichkeit, aus dieser verfahrenen Situation dem Mann einen Strick zu drehen«, meinte Carolin zu Philipp und Flo gewandt.

»Was meinst du damit?«, fragte Flo.

»Kommt mit, ich verrate es euch!«, antwortete Carolin.

»Dämmert es euch jetzt? Hier muss die Stelle gewesen sein, wo der Spielzeugdampfer von einem Unbekannten beladen worden war!«, rief Carolin, als sie das Seeufer absuchten.

»Aber der ist doch längst über alle Berge!«, feixte Philipp.

»Garantiert! Aber jeder hinterlässt Spuren. Das ist doch bekannt«, entgegnete Carolin.

»Caro, du hast recht. Dieser Fund könnte tatsächlich ein wichtiger Hinweis sein«, unterbrach Flo.

| **(?) Was hatte Flo entdeckt?**

12. Aus dem Land der Morgenröte

Donnerwetter! Der Griff eines Spazierstocks, vermutlich japanischer Herkunft«, stellte Flo fest, als er das Utensil näher untersuchte, das er zuvor direkt am Seeufer gefunden hatte.

»Eine echt asiatische Rarität! Wie kommt die hierher?«, fragte Philipp, während er Flo über die Schulter schaute.

»Kleiner Tipp, die ›Kranichbar‹. Dort gibt es einmal im Monat ein Treffen japanischer Geschäftsleute. Vielleicht werden wir da ja fündig«, schlug Carolin vor.

Am betreffenden Tag des folgenden Monats traf die Lakritzbande pünktlich vor dem Garten der ›Kranichbar‹ ein. Von der gegenüberliegenden Straßenseite aus beobachtete sie die japanische Gesellschaft.

»Das Gartengelände scheint gut besetzt zu sein,« meinte Flo.

»Ist von euch schon jemand fündig geworden?«, fragte Carolin.

»Na klar! Es scheint tatsächlich eine Person mit einem angebrochenen Spazierstock zu geben«, antwortete Philipp, während er die Gesellschaft weiter durch seinen Feldstecher beobachtete.

? Wer war es?

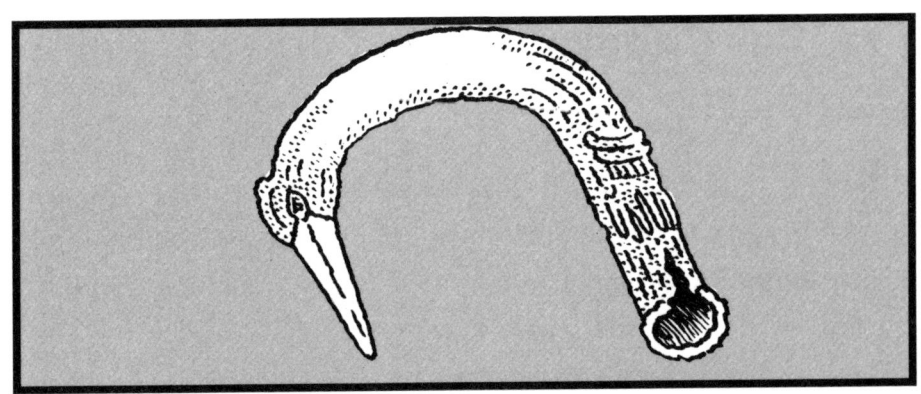

13. Der Unbekannte hat einen Namen

Habt ihr gesehen? Hinter der schwarzhaarigen Frau mit Halstuch erschien plötzlich ein Mann, der tatsächlich einen angebrochenen Spazierstock in seiner Hand hielt,« bemerkte Philipp.
»Das ist also unser Mister X!«, warf Flo ein.
Die Lakritzbande rührte sich nicht vom Fleck, bis der Unbekannte die »Kranichbar« verließ. Sie folgte dem Mann, bis er schnellen Schrittes hinter einem Häusereck verschwand.

»Wo ist der Kerl bloß abgeblieben?«, stutzte Flo, als der Unbekannte plötzlich außer Sichtweite war.

»Ruhig Blut! Ich weiß, wo der Gesuchte steckt. Jetzt kennen wir auch sein Unternehmen«, war sich Carolin sicher.

 **Wie hieß das Unternehmen?**

14. Volltreffer bei Morgenröte

Morgenröte«, posaunte Carolin heraus, als sie nur noch in die Rücklichter des Autos sah, das mit quietschenden Reifen über das Kopfsteinpflaster düste. »Das Emblem auf seiner Tasche ist das gleiche wie auf dem Lieferwagen,« verriet sie ihren Freunden.

Für die Lakritzbande war es nur eine Kleinigkeit herauszufinden, dass sich hinter dem Namen ›Morgenröte‹ ein kleines Geschäft für Gewürze und Düfte verbarg.

»Hier steht's ›Yuki Tanaka‹«, las Philipp, als er das Türschild am Geschäftseingang inspizierte.

Die Lakritzbande trat ein.

»Was kann ich für euch tun?«, empfing der Ladenbesitzer Tanaka die Detektive misstrauisch.

»Ein Stück Lavendelseife, bitte!«, antwortete Carolin wie aus der Pistole geschossen..

»Zwei Euro zwanzig«, antwortete Tanaka und legte die Seife auf den Tresen. Carolin bezahlte und verließ mit ihren Freunden das Geschäft.

»Und, habt ihr was entdeckt?«, fragte sie.

»Volltreffer! Wir müssen am Ball bleiben!«, prustete Flo heraus, »Der Mann ist garantiert in den Fall Ky Oto verwickelt!«

  **Welchen Hinweis hatte Flo entdeckt?**

15. Ky Oto taucht auf

Die Packung mit dem Koifutter hatte Flo im hinteren Lagerraum des Geschäfts entdeckt.

»Fragt sich jetzt nur, wo wir Ky Oto finden!«, fügte er hinzu.

»Der Fall scheint klar! Wo es Futter gibt, gibt's Fische!«, antwortete Philipp.

Am folgenden Tag fand sich die Lakritzbande wieder im Geschäft ›Morgenröte‹ ein. Lars und Leo waren dieses Mal mit von der Partie.

»Was gibt's? Ist euch die Seife etwa schon ausgegangen?«, kam Tanaka den Detektiven entgegen.

»Nicht die Bohne, heute suchen wir nur Ky Oto!«, konterte Philipp, wobei ihm nicht entging, dass sich der Blick des Ladenbesitzers verfinsterte.

»Ich führe keine Reiseführer, die nächste Buchhandlung ist links an der nächsten Straßenecke!«, entgegnete Tanaka.

»Spaß beiseite!«, unterbrach Lars, »wir suchen den Koi namens Ky Oto!«

»Sehen Sie hier etwa einen?«, antwortete Tanaka gereizt.

»Einen Schritt zur Seite, wenn ich bitten darf!«, rief Leo und öffnete die Bodenluke. »Sind Sie auch so gespannt wie wir, was es da unten zu entdecken gibt?«, fragte er.

Unterdessen stiegen Philipp, Flo und Carolin als Erste hinab.

»Wow, lauter Koikarpfen!«, rief Flo.

»Alles eigene Zucht. Und ein Ky Oto ist nicht dabei!«, bemerkte Tanaka von oben und verwies auf die Namensschilder.

»Sie lügen! Ich weiß sogar, welcher dieser Fische Ky Oto heißt«, entgegnete Philipp.

  **Welcher Koi war Ky Oto?**

16. Die Falle schnappt zu

Acht Fische waren mit Namen versehen, aber neun befanden sich im Aquarium. Somit war allen klar, Ky Oto war der gestreifte Koi mit den vier schwarzen Punkten. Unterdessen packte Tanaka die Gelegenheit beim Schopfe und suchte das Weite. Er rannte aus seinem Geschäft.

»Verflixt und zugenäht! Er ist uns entwischt!«, rief Lars, als er vom Laden aus Tanaka auf einem Motorrad in rasantem Tempo fortfahren sah, bis es plötzlich lautstark schepperte.

Die Lakritzbande sah das Zweirad zerbeult am Ende der Straße liegen.

»Er muss gegen die Mülltonnen gebrettert sein!«, stellte Carolin fest.

»Dort rennt Tanaka!«, rief Philipp, als er die flinken Hosenbeine von Tanaka in einem Hinterhof verschwinden sah.

»Los ihm nach!«, befahl Lars und stürmte voran.

»Scheint eine alte Autowerkstatt zu sein!«, meinte Philipp, als er am Ende des Hinterhofs in einen düsteren Schuppen schaute.

»Seht ihr ihn?«, fragte Leo.

»Kommen Sie raus. Das Spiel ist aus!«, rief Lars, der Tanaka genau im Blick hatte.

  **Wo hatte sich Tanaka versteckt?**

Intermezzo im Karneval
1. Die verlorene Tasche

Lars hatte Tanaka in der Autowerkstatt hinter der Stehleiter entdeckt. Im anschließenden Verhör auf dem Polizeirevier stellte sich heraus, dass Tanaka der Auftraggeber für den Diebstahl gewesen war. Sein Handlanger hatte die Tat ausgeführt und dafür eine große Bargeldsumme auf dem Wasserwege erhalten ...

 Jubel – Trubel – Heiterkeit! So begannen die Faschingstage im folgenden Februar. Von der Habichtterrasse aus hatten Philipp, Flo und Carolin eine gute Aussicht auf das bunte Treiben der kostümierten Menschen.

»Seht, dort hinten liegt eine schwarz-weiß gestreifte Tasche herrenlos herum!«, bemerkte Carolin und schaute sich weiter um. »Würde mich nicht wundern, wenn die Person im Zebrakostüm sie verloren hat.«

  **Wo waren die Person und ihre Tasche?**

2. Heiße Sohlen auf dem Parkett

Mit der Tasche in der Hand, die auf der Promenade vor der Treppe lag, rannte Philipp seinen Freunden voraus.

»Ab geht's, schauen wir mal, ob ihr die Tasche wirklich gehört!«, fügte er hinzu und steuerte auf den Hundesalon zu.

»Aber wo ist sie denn jetzt abgeblieben?«, fragte Caro, als die drei Freunde dort vergeblich nach der Person im Zebrakostüm gesucht hatten.

»Bei diesem Trubel über alle Berge!«, entgegnete Flo.

 Lautstark ertönte Musik aus dem benachbarten Festsaal. Viele Menschen strömten dorthin. Die Lakritzbande gesellte sich hinzu. Der Saal war gut besucht, die Stimmung ausgelassen.

»Tatsächlich, da steckt sie«, rief Philipp, nachdem er eine Weile nach der betreffenden Person Ausschau gehalten hatte. Die Lakritzbande beobachtete sie eine Zeit lang inmitten der vielen kostümierten Leute auf der Tanzfläche.

»Potzblitz! Sie ist schon wieder verschwunden«, rief Flo überrascht.

»Stimmt, dieses Mal hat sich zudem noch eine weitere Person aus dem Staub gemacht«, bemerkte Philipp.

  **Wer war die zweite Person?**

3. Erste Spur im Keller

Unten im Keller des Tanzsaals kam der Lakritzbande erstmals die Vermutung, dass die als Zebra verkleidete Person womöglich nicht freiwillig das Etablissement verlassen hatte.

Denn neben dem Zebrakopf aus Pappmaschee hatte Carolin Blutflecken entdeckt. War der Teufel mit im Spiel?

»Wir müssen hier entlang! Auf jeden Fall ist jemand durch die Kellertür getürmt!«, unterbrach Flo. »Seht, sie steht sperrangelweit offen.«

»Vorsicht, frisch gestrichen! Schwarze Lackfarbe!«, entgegnete Philipp und verwies auf das Pappschild neben der Tür.

Dabei entdeckte Philipp Spuren des Abdrucks einer linken Handfläche an der Tür.

»Glaubt mir, ich habe ein Nase dafür. Hier stimmt etwas nicht!«, meinte er abschließend.

Es dämmerte bereits. Die Lakritzbande lief die Gassen entlang, doch vom Teufel und dem kostümierten Zebra fehlte immer noch jede Spur, bis Caro plötzlich innehielt.

»Halt! Hier geht's weiter! Ab in den Heuweg! Dort gibt es einen markanten Hinweis!«, posaunte sie heraus und steuerte gleich darauf zu.

| **Was war Caro aufgefallen?**

4. Die Wege kreuzen sich

Volltreffer! Tatsächlich, frische Ölfarbe!«, bestätigte Philipp, als er mit seinen Freunden den Abdruck einer schwarzen Hand an einer Hauswand hinter einer Straßenlaterne näher untersucht hatte.

»Eine Nadel im Heuhaufen zu finden, wird einfacher sein«, zweifelte Flo, »die beiden können hier in alle Himmelsrichtungen ausgeschwirrt sein.«

Doch Kommissar Zufall ließ nicht lange auf sich warten. Bereits am nächsten Morgen tauchte der verfluchte Teufel für einen kurzen Moment wieder auf.

»Da ist er! Dort am Kiosk!«, rief Carolin ihren Freunden zu.

Kurz darauf kreuzte er noch einmal ihren Weg mit einer verkorkten Flasche in der Hand.

»Los, hinterher!«, rief Flo, doch im Gewimmel der feiernden Menschen war es nicht möglich, dem Teufel auf den Fersen zu bleiben.

»Verflixt, der Teufel ist schneller als ein Gepard!«, konstatierte Flo enttäuscht.

»Aber dort steckt er doch! Ich habe ihn genau im Visier!«, rief Philipp.

  **Wo steckte der Teufel?**

5. Eine süße Fährte

Habt ihr gesehen?«, rief Philipp seinen Freunden zu. »Dort hinten an der Bretterwand des Hauses steckt der Kerl.« Er beobachtete weiter, wie der Teufel anschließend auf einem Farrad abdüste. Auf dem Gepäckträger lag seine Maske. »Der Typ muss irgendetwas mit einer Gärtnerei zu tun haben«, erklärte Philipp. »Wie kommst du denn da drauf?«, fragte Carolin.

»Habt ihr nicht gesehen? Am Fahrrad hing ein Reklameschild«, antwortete Philipp. »Damit kriegen wir ihn!«

 Noch am gleichen Tag suchte die Lakritzbande die Gärtnerei Anton Rose auf.

»Na, ihr Schlitzohren! Was kann ich für euch tun?«, kam der Chef höchstpersönlich der Lakritzbande entgegen.

»Haben Sie vielleicht den Teufel gesehen?«, fragte Flo geradewegs heraus.

»Wie bitte? Wir haben zwar die tollen Tage, aber dem Teufel bin ich nicht begegnet«, antwortete Anton Rose verwirrt.

Rasch stellte sich heraus, dass auch langjährige Kunden seine Firmenfahrräder nutzten.

»Immerhin ein Ansatz!«, gab Flo zu bedenken und fuhr fort, »aber erst einmal müssen wir herausfinden, wo es diese Bonbons zu kaufen gibt!«

»Was für Bonbons?«, fragte Carolin.

»Diesen Papierfetzen hatte der Teufel weggeworfen, als er auf dem Drahtesel davonradelte«, erwiderte Flo und zeigte einen aufgerissenen Knallbonbon.

»Am besten fragen wir dort im Geschäft! Das riecht förmlich nach Leckereien!«, fuhr Flo fort.

  Welches Geschäft meinte Flo?

6. Neuigkeiten bei Otto Brause

Die Spur führte Philipp, Flo und Carolin geradewegs ins Süßwarengeschäft von Otto Brause. Es befand sich hinter der Fleischerei in dem mit einem Türmchen verzierten Haus. Die Türglöcke läutete, als die Lakritzbande eintrat.

»Tut mir leid, meine Dame, ich kann mich nur wiederholen. Sie haben mir einen falschen Fünfziger gegeben!«, raunzte Otto Brause eine ältere Kundin an.

»Eigentlich müsste der Vorfall der Polizei gemeldet werden! Aber wenn Sie diesen Schein soeben als Wechselgeld im Café Mangold erhalten haben, sollten Sie da Ihr Glück versuchen und ihn umtauschen«, fuhr der Verkäufer mit leicht gedämpfter Stimme fort.

Philipp, Flo und Carolin lauschten dem Gespräch.

»Ob wir hier die gesuchten Bonbons finden werden?«, flüsterte Flo seinen Freunden zu und schaute dabei unentwegt auf das Bonbonpapier in seiner Hand.

Während die Kundin mit mürrischer Miene abrupt das Geschäft verließ, wandte sich Otto Brause an die drei Detektive.

»Äh, wir hätten gern…«, stotterte Flo verlegen, nachdem er im Geschäft den gesuchten Knallbonbon nicht hatte finden können.

»… bitte am besten drei von denen dort!«, ergänzte Caro messerscharf und zeigte auf die gesuchte Sorte, denn sie hatte bereits genau erkannt, wo die betreffenden Bonbons zu finden waren.

  **Wo war die gesuchte Bonbonsorte?**

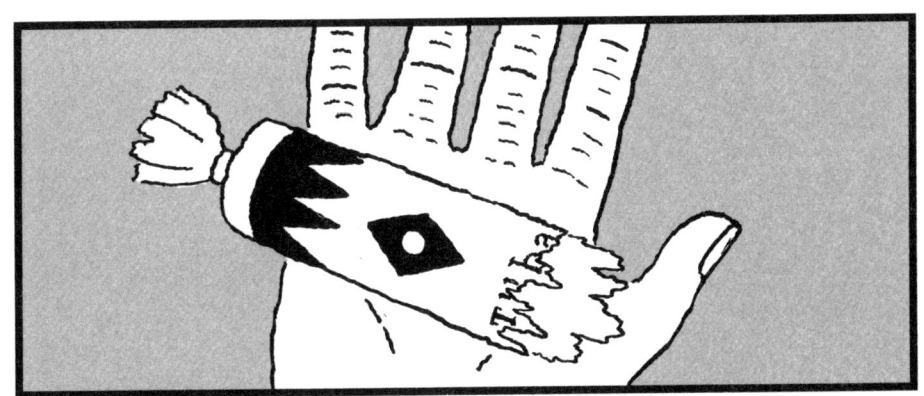

7. Das Zebra ist entlarvt

Die Lakritzbande suchte unverzüglich das Café Mangold auf, das nur einen Steinwurf entfernt am Marktplatz lag. Unterwegs kramte Flo die Knallbonbons der Marke ›Tuba‹ hervor, die in der Vitrine unter der Ladenkasse verwahrt waren.

»Tut mir leid, die Chefin ist zur Zeit nicht da!«, antwortete die Serviererin der Lakritzbande auf Anfrage.

»Könnte es vielleicht sein, dass sie sich während der tollen Tage als Zebra verkleidet hat?«, fragte Carolin.

»Jawohl! Aber woher wisst ihr das? Habt ihr sie etwa gesehen?«, fragte die Bedienung neugierig.

»Wieso? Ist sie denn verschwunden?«, hakte Philipp nach.

»Nun, sie ist schon seit zwei Tagen nicht mehr gesehen worden!«, stammelte die Serviererin verlegen.

»Die Frau hinter dem Tresen scheint von Grund auf ehrlich zu sein. Vom Falschgeld weiß sie sicher nichts!«, flüsterte Caro ihren Freunden zu.

»Seitdem Rita Mangold zum Kostümverleih abgeschwirrt ist, ist sie nicht zurückgekehrt«, fuhr die Frau mit schwacher Stimme fort.

Während die Serviererin eine Bestellung am Tisch aufnahm, fasste Philipp die Gelegenheit beim Schopfe, in den Terminkalender zu blinzeln, der auf dem Tresen auslag.

»Am Tag ihres Verschwindens hatte die Chefin noch ein Treffen mit ›Veilchen‹ gehabt.«

»Aber wer steckt dahinter?«, fragte Flo.

»Das ist klar!«, unterbrach Philipp. »Auf geht's, dieser Spur müssen wir unbedingt nachgehen!«

  **Wer war Veilchen?**

8. Entdeckung im Veilchen

Fast wie auf dem Foto im Café!«, befand Philipp, als er mit seinen Freunden am nächsten Morgen vor dem dekorierten Karnevalswagen namens ›Veilchen‹ stand.

»Sicher alles Blumen der Gärtnerei Anton Rose!«, sagte Philipp zu seinen Freunden.

»Absolut richtig!«, ertönte die Stimme eines Kraftfahrzeugmechanikers, der unter dem Fahrzeug hervorlugte.

»Langsam schließt sich der Kreis!«, flüsterte Philipp seinen Freunden zu.

»Und wer gehört zur Mannschaft dieses Wagens?«, fragte Philipp neugierig. »Vielleicht ein Zebra?«

»Volltreffer! Auch damit habt ihr recht!«, antwortete der Mechaniker verdutzt.

»Etwa auch ein Teufel?«, legte Philipp gleich nach.

»Na, jetzt schlägt es dem Fass den Boden aus! Natürlich!«, ertönte erneut die Stimme von unten. »Das ist mein Chef höchstpersönlich! Werkstatt Kubelik, müsst ihr euch merken. Na ja, dauert ja noch, bis ihr zu einem Fahrzeug kommt.«

Philipp blieb die Spucke weg.

»Dass der Teufel hier mit von der Partie ist, hätte ich dir auch sagen können!«, flüsterte Flo ihm hinter vorgehaltener Hand zu.

? Weshalb war sich Flo so sicher?

9. An der Talbrücke

Die Maske des gesuchten Teufels hatte Flo auf dem Umzugswagen inmitten der Blumendekoration entdeckt.

»Jetzt haben wir es schwarz auf weiß! Der Teufel und das Zebra gehören zum gleichen Karnevalsverein«, rief Caro aus.

Am nächsten Morgen versammelte sich die Lakritzbande wieder im Taubenatelier.

»Habt ihr schon gehört? Ein Sack voller Banknoten wurde gestern aus dem Café Mangold entwendet!«, zitierte Caro aus dem druckfrischen Morgenkurier.

»Was meint ihr? Handelt es sich dabei vielleicht sogar um Falschgeld?«, mutmaßte Philipp.

»Die Vermutung liegt nahe, Blüten waren ja im Umlauf. Der Fall wird immer brisanter«, entgegnete Caro, als Lars und Leo ins Taubenatelier platzten.

»Auf geht's! Wir haben Neuigkeiten zum gestrigen Diebstahl. Ein Zeuge will gesehen haben, wie jemand gestern Nacht einen Geldsack aus einem parkenden Wagen von der Talbrücke aus ins Flussbett geworfen hat!«, unterbrach Lars.

»Das Nummernschild des hellgrauen Autos konnte leider nicht festgestellt werden, aber es soll eine auffallende Beschädigung am rechten vorderen Kotflügel haben«, fuhr Lars fort.

Keine halbe Stunde später waren die fünf Detektive bereits vor Ort an der Talbrücke.

»Mich laust der Affe! Seht, da liegt tatsächlich solch ein Stoffsack,« rief Leo.

Wo sichtete Leo ihn?

10. Raffke in Beweisnot

Da sind nur zwei Holzscheite drin, höchstwahrscheinlich, um ihn zu beschweren. Aber von Banknoten keine Spur!«, meinte Leo, als er wenig später den Geldsack am Flußufer zwischen den Steinen näher untersuchte.

»Jetzt gilt es, noch den beschädigten Wagen zu finden«, meinte Lars.

»Dann ab zur Werkstatt Kubelik. Was wollen wir wetten, dass wir dort fündig werden?«, meinte Philipp.

Die Autowerkstatt war bereits geschlossen. Sie befand sich in einem Hinterhof.

»Das könnte tatsächlich das gesuchte Fahrzeug sein«, mutmaßte Leo, als er die parkenden Autos begutachtete.

»Du hast einen guten Riecher!«, entgegnete Lars und gab seinem Revier das amtliche Kennzeichen durch. Die Antwort folgte prompt.

»Wetten, dass der Autobesitzer auch zum Karnevalsverein ›Veilchen‹ gehört?«, war Flo überzeugt.

»Wer weiß! Erwin Raffke, Kraftfahrzeugmeister außer Dienst. Wohnhaft in der Seilergasse 19!«, entgegnete Lars.

Kurz darauf bimmelte die Lakritzbande an dessen Wohnungstür. Ein älterer Mann öffnete.

»Kriminalpolizei! Können wir eintreten?«, fragte Lars geradeheraus. »Wo waren Sie gestern Abend? Haben wohl noch mit Ihrem Wagen einen kleinen Ausflug gemacht, nicht wahr?«

»Kann nicht sein. Meinen Wagen habe ich zwar noch, aber den Führerschein habe ich längst abgegeben!«, antwortete Raffke.

»Der lügt wie gedruckt«, war Caro überzeugt.

  **Welchen Beweis hatte Caro entdeckt?**

11. Erneut Falschgeld im Umlauf

Hätte er einfach nur seine Autofahrt am gestrigen Abend geleugnet, wären wir im Zugzwang gewesen. Aber sein Führerschein in der Tasche seines Jacketts hat ihn verraten«, schlussfolgerte Carolin.

»Stimmt. Und den Karneval wird er noch als Löwe unsicher machen. Habt ihr nicht sein Kostüm gesehen?«, ergänzte Leo.

»Den Kerl knöpfen wir uns später noch vor«, fügte Lars hinzu.

 Unterdessen wurde erneut der Umlauf einer falschen Banknote gemeldet. Eine als Froschkönig verkleidete Person soll an einer Imbissbude eine Bratwurst mit einem gefälschten 50-Euro-Schein bezahlt haben. Der Vorfall flog erst später auf, als die Märchenfigur längst verschwunden war.

»Kann natürlich sein, dass diese Person den Geldschein unwissentlich in den Zahlungsverkehr gebracht hat«, meinte Philipp.

»Dann fragen wir sie doch am besten persönlich!«, schlug Lars vor.

  **Wo war der Froschkönig?**

12. Unterredung mit Kubelik

Sie müssen mir glauben, Herr Kommissar, ich hatte überhaupt keine Ahnung davon«, prustete der Froschkönig heraus, der sich mitten in der Menschenmenge am alten Stadtturm tummelte.

»Ganz sicher, die gefälschte Banknote habe ich als Wechselgeld im Café Mangold ausgehändigt bekommen«, fügte er hinzu.

»Immer ruhig Blut!«, antwortete Lars, der vorläufig die Personalien des Froschkönigs aufnahm, ihn dann aber laufen ließ.

»Wird höchste Zeit, dass wir jetzt den Teufel höchstpersönlich aufsuchen! Ab zur Werkstatt Kubelik!«, empfahl Lars.

»Donnerwetter, Raffkes zerbeulter Wagen ist ja schon repariert!«, sprach Lars Kubelik an, dessen Namensschild auf der Latzhose nicht zu übersehen war.

»Weiß nicht, wovon Sie reden. Kenne keinen Klaffke!«, entgegnete Kubelik.

»Raffke! Ihr eigener Werkstattmeister außer Dienst. Den können Sie doch nicht schon aus Ihrem Gedächtnis gestrichen haben!«, konterte Lars.

»Der scheint schwer von Kapee zu sein!«, flüsterte Flo, »Zudem sind sie sicher im gleichen Karnevalsverein.«

»Der Löwe muss Ihnen doch bekannt sein!«, versuchte Lars erneut Kubelik auf die Sprünge zu helfen.

Doch er blieb stur.

»Aber Raffke ist ganz in der Nähe. Fragen wir ihn doch am besten selbst, ob er sich noch an Sie erinnert!«, rief Philipp.

? **Wo hielt Raffke sich auf?**

13. Raffke in Not

Dem als Löwe verkleideten Raffke schwante Böses. Als er vom Fenster aus im zweiten Stock aus die Lakritzbande auf ihn zukommen sah, suchte er gleich das Weite.

»Das war klar! Raffke hat sich aus dem Staub gemacht!«, bemerkte Philipp, als die Lakritzbande die unaufgeräumten Büroräume der Autowerkstatt erreichte. Die Lakritzbande schaute sich um. Fehlalarm!

Vom Fenster aus überlegte Carolin, ob es Raffke vielleicht über Umwege geschafft haben könnte, ins Erdgeschoss zum Parkplatz der Autowerkstatt zu gelangen.

Unterdessen stupste Flo Lars an und machte ihn darauf aufmerksam, wo Raffke sich verschanzt haben musste.

»Jetzt steckt er in der Falle!«, antwortete Lars, und zu Raffke gewandt sagte er:

»Kommen Sie raus. Das Spiel ist aus!«

  **Wo steckte Raffke?**

14. Überraschung hinterm Schrank

Lars öffnete die Schranktür, aus der ein Teil des Löwenkostüms herausgeschaut hatte. Die Überraschung war groß. Weniger die Tatsache, dass Lars tatsächlich Erwin Raffke gefunden hatte. Dieser fluchte, dass er sich mit seinem Kostüm in der Schranktür verhakt hatte.

Verblüffend war jedoch vielmehr, dass der Schrank keine Rückwand hatte und sich im Mauerwerk eine Tür zu einem weiteren Raum befand. Die Tür war nicht verriegelt. Lars stieg als Erster hindurch und staunte nicht schlecht.

»Was haben wir denn da? Eine Druckerei direkt im Büro der Autowerkstatt!«

»Hier sind wir wahrhaftig in der Höhle des Löwen!«, frohlockte Lars. »Geschäftspapiere werden hier sicher nicht gedruckt. Viel interessanter sind da doch falsche Banknoten!«, fügte Lars hinzu, und steuerte auf eine Ablage unter einer Druckerwalze zu. Mit einem Karton kam er hervorgekrochen. »Sicher lauter Blüten!«, meinte Lars. Er zog eine 50-Euro-Banknote heraus und legte sie unter eine echte Banknote, die er aus seinem Portemonnaie herausgeholt hatte.

»Los, Freunde, gibt's einen Unterschied?«, fragte er geradeheraus seine Freunde.

Die Lakritzbande knobelte.

»Ich hab ihn gefunden!«, antwortete Carolin.

  **Woran war die Blüte erkennbar?**

15. Blick in die Autowerkstatt

Gute Arbeit!«, bestätigte Lars. Doch auf der gefälschten Banknote zeigte die Fahne des Heißluftballons in die entgegengesetzte Richtung.

»Bin gespannt, was uns Kubelik dazu sagen wird. Immerhin ist das ja seine Fälscherwerkstatt«, ergänzte Lars.

»Der Kerl scheint aber schon über alle Berge zu sein. Hat in seiner Werkstatt soeben alles stehen und liegen lassen«, keuchte Leo, der in der Zwischenzeit das Erdgeschoss vergebens nach Kubelik abgesucht hatte.

»Was war das?«, fragte Caro und horchte auf.

Irgendwo in der Werkstatt rumorte es. Während ein herbeigeeilter Polizeibeamter Raffke zum Verhör abführte, eilte die Lakritzbande in Windeseile die Treppe hinunter.

»Von hier kam das Geräusch«, mutmaßte Carolin, als sie mit ihren Freunden die Autowerkstatt erreichte.

»Weit und breit nichts zu sehen«, meinte Leo, bis plötzlich erneut ein Geräusch zu vernehmen war.

»Was war das?«, unterbrach Philipp.

»Kommt mit, ich verrate es euch. Dort muss Kubelik stecken«, bemerkte Flo.

  **Welchen Beweis entdeckte Flo?**

16. Blüten gesucht

Kommen Sie heraus!«, rief Leo von unten, nachdem Flo ihm erklärt hatte, dass Kubelik die Sprossenleiter gerade gerückt und auf den Dachboden hinaufgestiegen sein musste.

Doch Kubelik ließ sich nicht blicken. So stieg ein Detektiv nach dem anderen die Leiter empor. Die Lakritzbande staunte nicht schlecht, denn sie entdeckte nicht nur Kubelik, sondern auch die verschwundene Frau im Zebrakostüm. Sie saß gefesselt auf einem Stuhl. Im Zuge der Vernehmung stellte sich heraus,  dass es sich dabei tatsächlich um Rita Mangold, die Chefin des gleichnamigen Cafés handelte. Sie steckte mit Kubelik unter einer Decke. Sie hatte jedoch den entscheidenden Fehler begangen, einen Sack des Falschgeldes abzuzweigen und über ihr Geschäft in Umlauf zu bringen. Um sich den Sack mit den falschen Blüten zurückzuholen, beauftragte Kubelik seinen ehemaligen Mechaniker Erwin Raffke. Der Großteil des Geldes blieb jedoch vorerst unauffindbar. Erst nach mehrstündigem Verhör gab Rita Mangold zu, wo sie das restliche Falschgeld versteckt hatte.

»Hier muss es irgendwo sein«, murmelte Leo, als er mit Philipp, Flo und Carolin im Vorratsraum des Café Mangold eintraf.

»Ordnung sieht anders aus«, meinte Carolin.

»Ich glaube, Coco hat die Scheine schon aufgespürt!«, ergänzte Philipp.

Wo steckte Coco?

17. Finale im Café Mangold

Auf Coco war Verlass. Coco saß im geflochtenen Wäschekorb. Tatsächlich hatte er die gefälschten Banknoten dort aufgestöbert.

»Damit wäre wieder ein Fall gelöst«, freute sich Philipp und klopfte seinen Freunden auf die Schulter.

»Ein Trio vor dem Haftrichter«, titelte die Abendzeitung. Während Rita Mangold, Kubelik und Raffke in Polizeigewahrsam blieben, genossen Philipp, Flo und Carolin ohne weitere Zwischenfälle die ausklingende Faschingszeit.

Inhalt

Zur Person
Julian Press

Julian Press, Jahrgang 1960, studierte in Hamburg an der Fachhochschule Grafik und Illustration, hat in einem Jugendbuchverlag volontiert und war dann für Jugendzeitschriften und in einer Werbeagentur tätig. Schon bald begann er selbst für Kinder zu schreiben und zu zeichnen. Er trat früh in die Fußstapfen seines Vaters, Autor der berühmten »Schwarzen Hand«, und begann eigene Ratekrimis und Wimmelbilder zu entwerfen. Nach längerem Aufenthalt in Brüssel lebt er heute mit seiner Frau als freier Grafiker und Autor in Hamburg. Seine sehr lebendigen, interaktiven Lesungen sind bei kleinen und großen Spürnasen sehr beliebt.

Von Julian Press sind außerdem bei cbj erschienen:
Finde den Täter! — Operation Goldenes Zepter
Finde den Täter! — Tatort Krähenstein
Finde den Täter! — Der Fluch des schwarzen Schützen
Finde den Täter! — Aktion gelber Drache
Finde den Täter! — Geheimbund rote Koralle
Finde den Täter! — Das Geheimnis der schwarzen Dschunke
Finde den Täter! — Jagd auf Dr. Struppek
Finde den Täter! — Die Schatzkarte von Lilienstein
Finde den Täter! — Der Dieb im Saurierpark